Et Dieu créa...
...LA VENTE

Vous souhaitez nous faire part de vos appréciations, de vos suggestions, de vos critiques, de vos projets...

Vous souhaitez connaître l'ensemble de nos activités...

Vous souhaitez commander ou offrir ce livre...

Vous souhaitez nous contacter:

BUSINESS TRAINING
7, rue de l'Indre
44 000 Nantes
Tel 02.40.89.91.91
Fax 02.51.82.36.56
www.businesstraining.fr

Toute représentation ou reproduction, intégrale ou partielle, faite sans le consentement des auteurs, ou de leurs ayants droits ou ayants cause, est illicite
(loi du 11 mars 1957, alinéa 1er de l'article 40).

Cette représentation ou reproduction, par quelque procédé que ce soit, constituerait une contrefaçon sanctionnée par les articles 425 et suivants du Code Pénal. La loi du 11 mars 1957 n'autorise, aux termes des alinéas 2 et 3 de l'article 41, que les copies ou reproductions strictement réservées à l'usage privé du copiste et non destinées à une utilisation collective d'une part et d'autre part que les analyses et les courtes citations dans un but d'exemple et d'illustration.

On dit qu'il a vendu son âme au diable !

Mais y avait-il vraiment un acheteur ?

A tous ceux qui prient
pour que les clients achètent.

A tous ceux qui prient pour que les
vendeurs arrêtent de les relancer.

A tous ceux qui croient en eux pour
réussir dans ce métier qu'est la vente.

REMERCIEMENTS

Je remercie d'abord mes clients, mes fournisseurs ainsi que mes partenaires consultants qui, par leurs pratiques et leurs attitudes, m'ont fourni la matière de ce livre.

Je remercie ensuite mes enfants Arnaud et Thibaud et mes amis Grégoire, Jean et Louis pour les conseils et les encouragements qu'ils m'ont prodigués tout au long de l'écriture de cet ouvrage.

Je remercie enfin mes stagiaires - toujours en quête de l'idée géniale qui ferait signer tous leurs clients - et bien sûr notre créateur pour l'inspiration à l'origine de cette idée.

Il était en train de prendre son petit déjeuner quand il s'étrangla.

Sur le livre qu'il avait en main, il était écrit, en gros, dans le titre « LEVE TOI ET MARGE ».

Et en dessous, en caractère gras : « **La bible du vendeur** ».

Comment était-ce possible ?

Qui avait osé écrire et faire paraître une chose pareille ?

Il lut immédiatement les remerciements afin de vérifier qu'il était au moins cité.

Et là encore, nouvel étranglement.

Pas une ligne, pas un mot, rien, nada.

Il n'existait pas pour l'auteur, il n'existerait pas pour les lecteurs, il n'existerait pas.

Il serait le néant.

C'était quand même fort de café.

Il demanda immédiatement qu'on lui communique toutes les parutions avec les mots clés commençant par BIBLE et la surprise fut immense.

Il y avait là la bible du vendeur, plusieurs fois. Mais aussi les bibles du management, du coaching, de l'informatique, du bricolage…

Il était étourdi par tant de bibles alors que c'était lui qui était à l'origine du concept.

La bible, la première, la seule, la vraie, c'était lui et lui seul.

20 millions d'exemplaires vendus par an, des milliards depuis sa première parution, traduits dans plus de 2 300 langues.

Le succès de librairie par excellence.

Le top du top.

Même Saint Exupéry, avec « LE PETIT PRINCE » n'avait pas fait mieux.

Et pourtant, il avait mis le mot Saint dans son nom, c'est dire.

Et voilà que maintenant, des concurrents, oui, des concurrents lui volaient son idée.

Et en plus, il n'était même pas cité comme inspirateur.

Nulle part, dans aucun ouvrage.

Qui étaient-ils ces pilleurs d'idées pour vouloir rivaliser avec lui ?

Qui étaient-ils pour vouloir faire de l'argent avec son idée ?

Qui étaient-ils pour utiliser son concept génial - en toute modestie - de BIBLE en y accolant des mots aussi triviaux que vente, management, informatique ou bricolage ?

Comment cela avait-il été possible ?

Comment cela avait-il pu dégénérer à ce point alors que l'idée d'origine était juste de rendre service à un petit couple d'humains qui s'ennuyait ?

Il posa le livre et il se concentra afin de revenir quelques milliers d'années en arrière.

Il voulait comprendre comment tout cela avait pu arriver.

Et pour cela, il fallait qu'il revienne au début.

Tout au début.

Au commencement de l'histoire.

Bien avant le drame…

Enfin, il se souvint.

Il faisait extrêmement beau ce jour-là et la nature était parfaite.

Il faut dire que cela faisait déjà un moment qu'il avait fait le gros de l'effort.

Le premier jour, il avait créé le ciel et la terre. Et cela n'avait pas été une mince affaire.

Ensuite il avait fallu amener la lumière dans tout cela pour y voir plus clair.

Quand ce fut fait, comme il commençait à mieux voir ce qu'il faisait, il avait séparé la terre des océans.

Cela lui donna du bleu mais cela manquait quand même de couleur. Aussi s'était-il attelé à mettre du vert en créant la vie végétale.

Tout cela avait maintenant fière allure mais c'était un peu statique.

Alors il avait créé toutes sortes d'animaux, pour occuper l'espace et pour se faire plaisir en termes de créativité.

Son imagination, à cette époque, était sans limite. Il en avait fait des grands, des petits, certains qui volaient, d'autres qui couraient et d'autres enfin qui nageaient.

Il avait imaginé des carapaces, des écailles, des plumes, des poils, des becs des dents…

Tout ce qui lui passait par la tête, il l'expérimentait.

Ce fût une très grosse journée.

Il avait créé quelques exemplaires uniques mais il avait surtout créé des couples.

Il leur avait laissé la charge de se reproduire.

Il n'allait quand même pas tout faire.

A la fin de cette journée là, son petit monde commençait à avoir fière allure.

Mais il restait un peu sur sa faim.

Il sentait qu'il lui fallait une dernière création, celle qui scellerait à jamais son immense pouvoir.

Aussi avait-il décidé de concevoir une ultime créature.

Il pensa à une créature qui serait complètement différente.

Une créature douée d'un plus afin de pouvoir compenser son manque de bec, d'écailles, de plumes, de griffes ou autres artifices dont il avait doté ses autres créations.

Alors il avait pensé à l'intelligence.

Il voulait lui donner de l'intelligence pour qu'elle puisse imaginer comment aller plus vite, comment voir la nuit ou communiquer à distance, voire voler dans les airs ou aller sous l'eau.

Pour cette création qu'il voulait parfaite, il avait réfléchi à différentes formes et textures puis finalement, il était allé au plus simple.

Il avait mélangé de la glaise et de l'eau et en toute modestie, il s'était pris comme modèle. Et il avait créé l'homme à son image.

Comme il lui fallait un couple, pour la reproduction – toujours cette volonté d'efficacité - il avait fait quelques ajustements anatomiques, pour créer la femme.

On était le sixième jour.

Le travail était terminé. Il pouvait bien se reposer le jour d'après.

Dieu avait créé le monde en une semaine.

Heureusement qu'il n'avait pas commencé par créer les 35 heures, sinon, il y serait encore.

Dieu méditait tranquillement sur ce qu'il allait faire maintenant qu'il avait créé le monde.

Il se disait d'ailleurs qu'il avait peut-être travaillé trop vite puisqu'il avait l'éternité devant lui.

Et comme disait l'adage : l'éternité c'est long, surtout sur la fin !

Pour passer le temps, il observait ses créations évoluer au gré des copulations et des reproductions successives.

Certains animaux qu'il avait créés avaient tout de suite disparus, la faute à des conceptions originelles trop audacieuses.

Certaines carapaces, trop lourdes et mal conçues, avaient noyé leurs occupants alors que d'autres les avaient protégées.

Les gros animaux à plumes, trop lourds, s'étaient quasiment tous écrasés au sol.

Et parfois ils avaient fait disparaître dans la foulée un couple un peu tendre qui n'avait pas eu le temps de s'enfuir avant l'écrasement.

Mais des animaux plus petits, eux, se débrouillaient très bien dans les airs.

Globalement l'équilibre se tenait. Les rapides mangeaient les lents et quand les gros maigrissaient, les maigres mouraient.

Il y avait juste un léger problème avec sa créature finale.

Ce couple d'humains était bizarre.

Il ne réagissait pas tout à fait comme les autres animaux.

Dieu voyait bien que manger, boire et se reproduire ne lui suffisait pas.

Pourtant, pour chacun des éléments il avait pensé à une incitation dont il n'était pas peu fier. Il leur avait fourni le plaisir lorsqu'ils pratiquaient.

Lorsque l'homme et la femme mangeaient, buvaient et copulaient, il y avait une onde de plaisir qui les parcourait.

Cela les incitait à recommencer, encore et encore.

Dieu avait bien pensé que le plaisir pouvait être un moteur pour agir, mais là, il avait la preuve que c'était un gros moteur.

Ils pouvaient passer des journées entières à ne faire que cela.

Boire, manger, copuler, voire copuler, manger et boire. Voire...

Et recommencer, encore et encore.

Les autres espèces mangeaient et buvaient tous les jours, voire plusieurs fois par jour mais pour la copulation, c'était beaucoup moins souvent.

Une ou deux fois par an parfois.

Mais pour l'homme et la femme ça ne fonctionnait pas comme cela.

Dieu avait l'impression que son couple chéri voulait mieux se connaître, se comprendre à travers ses copulations successives.

Ils ne copulaient pas pour se reproduire, comme les autres animaux de la création, ils copulaient pour se comprendre, pour communiquer.

Dieu se mit alors à réfléchir à une solution pour résoudre le problème de communication qu'il avait décelé.

Alors qu'ils dormaient, nus comme des vers – il avait renoncé à leur faire des écailles et des plumes lors de la conception – il apporta une petite modification technique à leur anatomie.

Une petite modification qui allait tout changer, bien au-delà que ce qu'il imaginait alors.

Suite à son intervention, il avait hâte qu'ils se réveillent pour se rendre compte de ce qui allait changer dans leur communication au quotidien.

Il voulait savoir comment ils allaient utiliser ce nouveau pouvoir qui était le leur.

L'homme et la femme dormaient dans leur grotte, à même le sol, comme toutes les nuits.

Etant donné qu'ils étaient les seuls de leur espèce, ils ne se quittaient pas. Ils faisaient tout ensemble et cela avec un plaisir sans cesse renouvelé.

Ce matin-là, au réveil, comme tous les jours, l'homme se leva, regarda la nature environnante encore gorgée des brumes de la nuit et ouvrit la bouche.

Et là, ce fut le choc. Le choc de sa vie - Sa courte vie car je vous rappelle que nous sommes au niveau de la création du monde. Un bruit était sorti de sa bouche.

La femme avait entendu ce bruit nouveau et s'était levée aussitôt pour savoir d'où il provenait.

Et elle aussi constata alors qu'elle pouvait faire du bruit avec sa bouche, en imitant les gestes de son compagnon.

Le choc de la première surprise passé, ils se rendirent compte qu'ils pouvaient faire pleins de sons différents, selon la manière dont ils ouvraient et fermaient leurs bouches.

Les sons pouvaient être faibles ou forts, aigus ou graves voire même modulés s'ils bougeaient la langue en même temps.

Dieu regarda ses créatures avec un œil attendri en constatant que son intervention de la nuit avait complètement changé l'emploi du temps du couple puisque cette première journée de découverte de leurs nouvelles capacités leur fit quasiment oublier de boire et de manger et leur coupa totalement l'envie de copuler.

En fait Dieu avait créé la possibilité de parler, d'expliquer, de débattre, de mettre des mots sur des images, des concepts.

En faisant cette intervention nocturne, il avait donné à l'Homme la possibilité de se rapprocher de lui.

Sans le savoir il lui avait aussi donné la possibilité de contester, d'argumenter, de convaincre, d'avoir sa voix mais aussi de changer de voie.

Mais ce jour-là, tout ça, il ne le savait pas encore.

Puisque Dieu leur avait donné la possibilité de communiquer à travers les sons, l'homme et la femme n'avaient de cesse d'expérimenter cette nouvelle possibilité.

Dieu observait qu'ils apprenaient très vite, en se copiant l'un l'autre

Ils avaient d'ailleurs maintenant un petit lexique à eux.

En montrant quelque chose et en lui associant un son, ils pouvaient se comprendre sur beaucoup de sujets différents.

Evidemment, le langage corporel initial restait prépondérant et d'ailleurs Dieu avait fait en sorte qu'il le reste.

Ils pouvaient communiquer entre eux par le langage mais très souvent, leurs visages, leurs postures et leur gestuelle traduisaient leurs intentions profondes, même si elles étaient adoucies ou renforcées par le langage.

Dieu était fier de lui car il voyait que sa création était maintenant conforme à ce qu'il avait imaginé.

En plus, il avait trouvé un moyen de communiquer avec eux.

Il profitait de la nuit, pendant qu'ils dormaient pour leur générer des idées et des pensées.

Et il attendait le matin pour voir ce qu'ils en faisaient.

Dieu s'amusait énormément.

Il avait créé un vrai paradis où tout allait pour le mieux.

C'était un paradis pour eux mais c'était aussi un paradis pour lui.

Un jour, pour le fun, il décida de donner un nom à l'homme et à la femme.

Comme ils n'avaient pas de famille, à proprement parlé, et qu'ils n'étaient que deux, il décida qu'un prénom chacun suffirait.

Il décida que l'homme s'appellerait ADAM et la femme EVE.

Il trouvait que ça sonnait bien et que pour le faible vocabulaire qu'ils avaient pour l'instant, cela serait tout à fait adapté.

Il attendit que le couple s'endorme et hop, ni vu ni connu, il glissa les prénoms au milieu de leurs pensées.

Et le matin, comme prévu, l'homme entendit la femme l'appeler ADAM et il savait qu'elle s'appelait EVE.

A partir de là, tout commença à s'accélérer. Les sons devinrent des mots puis les mots des phrases puis les phrases des conversations entières.

Adam et Eve n'arrêtaient pas de parler, de tout et de rien.

Surtout de tout d'ailleurs puisqu'ils étaient au paradis.

Evidemment ils ne le savaient pas puisqu'ils n'avaient pas une pleine conscience de leur situation.

Quand on a tout et qu'on ne le sait pas, c'est comme si on n'avait rien. Mais cela, ils allaient le comprendre beaucoup plus tard.

Tout allait donc bien et Dieu pouvait maintenant vaquer à ses autres occupations.

Il ne communiquait pas vraiment sur ce qu'il faisait par ailleurs mais cela devait également être très important parce qu'il était souvent absent.

En pensée s'entend. Il y avait tant de choses auxquelles il fallait penser.

Même pour lui, qui avait tout créé en 6 jours, le suivi posait quelques soucis qu'il fallait régler.

Il continuait néanmoins à jeter un coup d'œil régulier à son couple d'humains et il finit par constater que la vie n'était plus aussi rose entre Adam et Eve.

En les observant plus attentivement, il vit qu'ils avaient l'air de s'ennuyer.

Alors qu'ils étaient toujours ensemble au début, toujours collés l'un à l'autre, voire souvent plus, ils allaient maintenant chacun de leur côté.

Ils se parlaient encore mais pour dire des banalités et surtout, ils ne riaient quasiment plus.

L'absence de rire attrista Dieu au plus haut point car c'était un des sons et une des attitudes qu'il était le plus fier d'avoir créés.

Il adorait les voir rire tous les deux.

Il adorait voir les larmes leur venir aux yeux, les hoquets qui leur soulevaient les épaules et leurs mains quand ils se tapaient le ventre.

La perte du rire, dans le couple lui fit beaucoup de peine.

Aussi décida t il de comprendre ce qui se passait, pour y remédier à sa façon.

En entrant dans leurs pensées, de nuit, comme d'habitude, il constata que Eve ne se sentait pas désirée.

Comme elle était la seule femme, il était normal qu'Adam s'intéresse à elle.

Il était obligé en fait.

C'était trop facile. Elle le sentait.

Elle n'avait pas de concurrence.

Et c'était pareil pour lui.

Comme ils étaient au paradis, ne pas avoir le temps d'avoir des attentes devenait un enfer.

Et cela les rendait moroses.

Alors Dieu prit une décision pour y remédier.

A partir de maintenant, par l'intermédiaire du rêve, il allait épicer leur quotidien.

Il allait créer le désir, la peur de perdre et la joie de gagner.

Il allait leur donner la force, l'envie et la nécessité de créer des argumentaires pour convaincre l'autre du bien-fondé de sa pensée.

Ils allaient connaître les affres de la négociation, la succession des concessions et des refus.

Ils allaient aussi découvrir le bonheur de l'accord, après le frisson d'avoir tout perdu.

Ils allaient apprendre le plaisir du marketing mais aussi l'angoisse de la concurrence.

Ils allaient entrer dans un univers parallèle.

Ils allaient connaître LA VENTE.

Pendant la nuit, alors qu'ils dormaient tous les deux, Dieu commença à mettre son plan à exécution.

Il avait décidé, dans un premier temps de n'agir que sur l'un des deux partenaires.

Il avait choisi Adam comme cobaye.

Il observerait ce qui allait se passer avec lui, puis, en fonction de l'évolution du couple, il interviendrait sur Eve.

Pendant la nuit, il mit de l'ordre dans les pensées d'Adam.

Il lui suggéra des techniques de communication plus efficaces, des attitudes plus adaptées afin de convaincre Eve de faire ce qu'il avait envie qu'elle fasse.

Et dès le premier matin, Adam fut différent.

Au lieu de ne rien dire et de rester dans son coin, ce qu'il faisait d'habitude, il commença à parler.

Il fit quelques compliments à Eve et lui proposa une activité.

Surprise par ce nouveau comportement, Eve fut tout de suite d'accord.

Ils passèrent ensemble une excellente journée.

Le lendemain, au réveil, Adam reproduisit la même proposition et Eve accepta également.

Toute la semaine, le schéma se reproduisit.

La deuxième semaine, il y eu moins d'entrain que les jours précédents mais ce fut tout de même agréable.

La troisième semaine, Eve refusa.

Elle n'avait plus envie.

Alors Dieu décida que c'était au tour d'Eve d'avoir une petite intervention de sa part.

Il profita de la nuit pour lui mettre en tête toute une série d'envies.

Cela allait de l'envie de se promener avec Adam, à l'envie d'être seule.

L'envie de respirer des fleurs des champs ou l'envie de courir après les animaux.

Bref des envies très différentes.

Le matin, quand ils furent réveillés, Adam, comme les autres fois proposa son activité du jour.

Il la proposait bien, il savait la mettre en valeur en expliquant pourquoi ce serait intéressant.

Et là, encore une fois, Eve refusa.

Elle lui dit qu'elle n'avait pas envie de cela et qu'elle pensait à autre chose.

Cela froissât énormément Adam, car il n'avait que cette activité à proposer.

Il n'avait pas pensé à autre chose. D'ailleurs il ne savait pas à quoi il pouvait penser d'autre.

C'était cela ou rien.

Il le dit à Eve et le résultat fut sans appel.

Ce jour-là Adam passa la journée seul, à ruminer ce qui avait « foiré » dans sa présentation qui marchait si bien jusqu'à présent.

Dieu s'amusait comme un fou.

Sa petite expérience était pleine de surprises et les réactions du couple l'enchantaient.

Cette nuit-là, ce fût au tour d'Adam d'avoir la visite de son créateur.

Il lui insuffla la force et les techniques de l'écoute.

Jusqu'à présent Adam savait présenter et argumenter une proposition mais il ne savait pas écouter.

Le lendemain, au réveil, contrairement à la veille, Adam ne proposa rien de particulier à Eve.

Il lui demanda juste de quoi elle avait envie. Lorsque Eve le lui dit, il lui proposa de réaliser son souhait.

Elle accepta tout de suite.

Adam était aux anges.

Ce qui est le minimum quand on habite le paradis.

Il venait de découvrir qu'en répondant simplement à la demande d'Eve, c'était beaucoup plus facile de la convaincre qu'en dévoilant sa pensée en premier.

Adam venait de découvrir la force de l'écoute et sa prépondérance sur la parole.

Désormais, chaque matin, il reproduisit la même tactique et cela fonctionna.

Le couple était à nouveau en phase et tout allait bien jusqu'à ce que Eve n'ait plus d'envies à formuler.

Un matin, alors qu'Adam lui posait sa question désormais habituelle, sur ce qu'elle avait envie de faire, elle répondit qu'elle n'en savait rien.

Elle lui demanda ce qu'il proposait lui.

Ils étaient revenus au point de départ.

A ce rythme, une vie au paradis, ça peut être long.

Adam était démuni devant la situation et à nouveau il se retrouva seul, à méditer.

« - Attendons la nuit se dit-il. Elle porte souvent conseil. Peut-être que j'aurai une idée demain matin ».

Mais pour Adam, il ne se passa rien cette nuit là car Dieu décida d'intervenir sur les pensées de Eve.

Pour elle aussi, il structura sa pensée pour savoir mieux présenter ses solutions, il lui donna également le pouvoir de l'écoute qu'il avait donné à Adam mais il y rajouta un petit plus.

Il lui donna la technique du retournement de questionnement.

Au réveil, la situation habituelle changea du tout au tout.

Alors qu'Adam demanda à Eve, ce qu'elle souhaitait, ce fut elle qui lui retourna la question.

Elle avait répondu à une question par une autre question et Adam fut désarçonné par la demande.

Comme Dieu ne lui avait pas donné une liste d'envies particulières, il laissa Eve décider.

Eve lui proposa une activité particulière et les arguments qu'elle mit en avant donnèrent l'envie à Adam d'y souscrire.

Ils passèrent ainsi une excellente journée. Puis, sur le même modèle, une excellente semaine et même un excellent mois.

Mais tout a une fin et même les meilleures choses finissent par lasser.

En tous les cas par lasser Adam et Eve puisque pour Dieu, il n'y avait pas de raison de modifier quelque chose puisque tout allait bien, dans son monde parfait.

Car le reste de son monde était parfait ou quasi parfait.

Les autres animaux de la création se reproduisaient à l'identique, ou presque.

Les terres et les océans n'avaient quasiment pas bougé, ou si peu.

Un peu de dérive des continents par ci par là mais rien de bien grave.

Bien sûr, des pluies torrentielles et un volcan en éruption, de temps en temps, mettaient un peu d'animation.

Mais rien de très nouveau ni de très exaltant pour Dieu.

Il y avait juste ce couple d'humains, qui avait encore l'air d'avoir des soucis à vivre ensemble en étant heureux.

Ils étaient au paradis bon sang.

- « Nom de moi de nom de moi », comme disait souvent Dieu.

Il allait falloir qu'il intervienne encore auprès de ses protégés pour agrémenter leur séjour.

Quand il avait créé le paradis, Dieu avait pensé à tout.

Il y avait en effet de tout à profusion. C'était d'ailleurs l'une des raisons qui faisait le succès du paradis.

Mais maintenant que Dieu observait les comportements de ses deux humains, il s'apercevait qu'il avait peut-être fait fausse route.

Le fait qu'il n'y ait pas de véritables problèmes, que tout était accessible pour tous, tout le temps et partout était plutôt générateur de lassitude.

Il s'en rendait compte maintenant.

A vouloir rendre les individus heureux, sans frustration ni manque, il avait créé des personnes blasées.

Et ces gens blasés étaient tristes et sans envie.

Comme ils ne faisaient aucun effort et qu'ils avaient tout, ils s'ennuyaient ferme.

Alors Dieu décida qu'il allait changer à nouveau tout cela.

Une nuit, en quelques minutes, il modifia son paradis pour le rendre plus surprenant pour Adam et Eve.

Quand ils se réveillèrent le premier matin qui suivit, les choses étaient en place et Dieu très attentif à ce qui allait se passer.

Quand Adam voulut aller boire à la rivière habituelle, il s'aperçut qu'il n'y avait plus d'eau et que le lit était à sec.

N'ayant aucune idée de ce qu'il fallait faire, puisque cette situation ne s'était jamais présentée, il appela Eve pour lui expliquer la situation.

Eve arriva aussitôt et elle aussi constata ce changement majeur.

Elle dit à Adam qu'elle n'allait pas s'en faire pour ce léger contretemps puisque de toute façon elle avait un peu d'eau qu'elle avait gardée dans une cruche, la veille au soir.

Aussitôt, Adam lui demanda s'il pouvait boire un peu de cette eau, puisqu'il avait soif.

A sa grande surprise, Eve refusa de céder à sa demande par crainte du manque si la situation perdurait dans le temps.

Adam eut beau insister, Eve fût intraitable. C'était son eau et Adam n'avait qu'à se débrouiller pour en trouver ailleurs.

Adam fût dans une rage folle mais il n'insista pas et partit à travers le paradis, pour essayer de trouver une source afin de pouvoir étancher sa soif.

Eve était contente d'avoir résisté et elle réfléchit à la situation.

Dans son esprit se formait l'idée qu'un produit rare, qu'elle était la seule à posséder avait beaucoup de valeur pour celui qui en avait besoin.

Il lui suffisait de repenser à tout ce que Adam était prêt à faire pour elle, juste pour boire un peu d'eau, pour valider son idée.

Elle décida alors de faire en sorte de renouveler cette expérience pour tous les produits qui pourraient être rares, ou difficile d'accès, et qu'Adam aimerait bien avoir.

Si elle stockait les produits que voulaient Adam, elle aurait le pouvoir sur lui puisqu'il serait obligé de céder à ses demandes pour obtenir lesdits produits.

Elle fit la liste des fruits et légumes qu'aimait bien Adam. Elle les cueillit et les rassembla tous dans un lieu secret, connu d'elle seule.

Quand Adam revint, Eve attendait près de sa cruche.

Elle attendait qu'il lui demande à nouveau de boire de l'eau.

Mais Adam ne demanda rien.

Il n'était pas assoiffé, ni affamé et il semblait d'ailleurs de très bonne humeur.

Alors Eve lui proposa de l'eau, s'il le souhaitait.

Adam refusa poliment et lui expliqua qu'il avait trouvé une source, à force d'avoir cherché et que pour l'instant, il n'avait besoin de rien.

Eve essaya de savoir où se trouvait cette source car elle avait besoin de remplir sa cruche, qui était maintenant presque vide.

Et là, elle découvrit avec déplaisir qu'Adam se faisait prier pour donner les coordonnées de sa source.

Il avait compris qu'en ayant une information qu'il était le seul à connaître, il avait du pouvoir sur Eve.

Si Eve voulait avoir de l'eau, elle allait devoir accepter ses demandes et même ses caprices si l'envie lui prenait.

Adam partit à travers le paradis pour aller se cueillir quelques uns de ces fruits et légumes qu'il aimait tant.

Arrivé sur son lieu de cueillette habituelle, la surprise fut totale.

Plus un fruit, plus un légume, rien.

Tout avait disparu.

Il eut beau se déplacer, aller plus loin, il n'y avait plus rien à manger. Même les champignons avaient disparu.

Quand il revint voir Eve pour lui expliquer ce qui se passait, Eve lui dit qu'elle pourrait peut-être lui trouver quelque chose à manger s'il acceptait de lui indiquer où se trouvait sa source d'eau.

Adam compris alors que Eve n'était pas étrangère à la disparition de tous les produits qu'il aimait consommer.

Adam réfléchit à la proposition.

S'il lui donnait l'emplacement de la source, il n'aurait plus aucune monnaie d'échange.

Il proposa alors à Eve de lui remplir sa cruche avec de l'eau de sa source contre quelques fruits et légumes à manger.

Dans ces temps de création du monde, au paradis, Adam et Eve savaient déjà qu'il fallait cinq fruits et légumes par jour pour être en bonne santé.

Sur la base de cet échange, Adam et Eve firent un premier deal qu'on pourrait qualifier aujourd'hui de gagnant/gagnant puisque chacune des parties y trouvaient son avantage.

Pendant tout un laps de temps assez long, toutes les journées se passaient ainsi.

Adam remplissait la cruche de Eve avec l'eau de sa source secrète et en contrepartie, Eve fournissait les fruits et légumes dont raffolaient Adam.

Dieu observait tout cela avec une grande attention.

Il était étonné de la capacité du couple à trouver des compromis, sans s'affronter ni se détruire.

Il examinait tout de même leurs pensées et il voyait se former dans leurs esprits des stratégies et des tactiques pour essayer de renforcer leur emprise l'un sur l'autre.

Ainsi, Eve n'avait pas renoncé à trouver de l'eau par elle-même.

Elle espionnait Adam et essayait de le suivre pour découvrir l'emplacement de la source. Adam s'étant rendu compte de son manège,

avait évidemment fait en sorte de l'amener sur de fausses pistes.

De la même façon, Adam sillonnait le paradis du nord au sud et d'est en ouest afin de trouver les aliments que lui fournissaient Eve au compte-gouttes.

Un jour qu'il était près de renoncer, il découvrit des plans d'arbustes qui portaient quelques maigres fruits.

Adam fut très heureux de sa trouvaille mais il se garda bien d'en parler à Eve.

En effet, s'il avait une autre source d'approvisionnement, il serait moins dépendant de sa compagne et en cas de négociation difficile, il aurait une alternative qui lui permettrait de sortir vainqueur.

Du moment où il découvrit ces arbustes, même avec leurs maigres fruits, son moral remonta au beau fixe.

Un matin qu'Eve essayait d'obtenir un peu plus d'eau que d'habitude en échange de la ration de nourriture, Adam refusa en lui disant que finalement, il n'avait pas besoin de ces produits puisqu'il pouvait les avoir ailleurs.

Ce jour-là, avec horreur, Eve découvrit les affres de la concurrence.

Elle comprit tout de suite qu'Adam pouvait se fournir ailleurs, et sans doute sans contrepartie majeure.

Jusqu'à présent, elle était fournisseur exclusif et elle ne faisait aucun effort pour plaire à Adam.

Il lui fournissait son eau et elle lui fournissait ses fruits.

Si elle n'avait rien à offrir de plus, elle allait perdre la partie.

Et le choix était simple. Soit elle était la première, soit elle était différente en proposant quelque chose qu'il ne pouvait pas avoir ailleurs.

Et sur ce deuxième point, elle avait une petite idée...

Dieu n'aimait pas du tout la tournure que prenaient les pensées dans la tête d'Eve.

Si elle commençait à proposer de coucher pour avoir de l'eau, cela n'était plus du tout en phase avec les valeurs qu'il souhaitait pour ce monde qu'il avait créé.

Il ne voulait pas qu'elle en arrive au point de faire du chantage sexuel à Adam.

Car pour le moment, même si leurs relations avaient évolué vers une relation de client/fournisseur réciproques, ils n'en continuaient pas moins de continuer à échanger à travers leurs galipettes de couple.

Dieu ne voulait pas qu'ils passent à une relation de client/prostituée, dont l'équilibre était malsain.

Aussi remit-il de l'eau dans la rivière originelle.

Quand Eve se réveilla ce matin-là, elle entendit l'eau courir dans la vallée.

Elle sut immédiatement qu'Adam avait perdu son pouvoir sur elle.

Il avait trouvé des produits pour satisfaire son appétit et il avait sa source, elle avait maintenant de l'eau et elle avait son stock de produits alimentaires. Ils étaient de nouveau à égalité.

Ils pouvaient se satisfaire chacun de leur côté puisqu'ils avaient chacun leurs sources d'approvisionnement.

La solution la plus simple était peut-être de faire leur vie chacun de leur côté.

Mais en avaient-ils simplement envie.

Car finalement, s'il y avait des fruits et des légumes à profusion au paradis et de l'eau en quantité maintenant que Dieu avait réouvert le robinet, il n'y avait qu'une Eve et qu'un seul Adam.

Et là-dessus, il n'y avait pas de concurrence possible.

Dieu réfléchissait à ce qu'il pourrait faire pour maintenir de l'intérêt à son paradis pour ses occupants.

Depuis qu'il les observait, il avait commencé à comprendre comment ils se comportaient et pourquoi ils se comportaient ainsi.

S'ils ne se sentaient pas en danger, ils ne faisaient plus aucun effort et leur vie leur paraissait terne.

Elle manquait de « fun » comme disait parfois Eve. Adam n'en demandait pas tant et trouvait qu'au contraire, c'était plutôt « cool ».

Ils étaient indolents, sans énergie et ils étaient peu créatifs.

Dieu avait tout de suite vu que c'était le danger et le plaisir, le « déséquilibre » qui les faisait agir.

S'ils se sentaient un peu menacés, pour quelques raisons que ce soit, ils cherchaient alors des solutions pour améliorer leur situation.

D'ailleurs un enseignement nouveau était apparu au cours des différentes évolutions vécues par le couple.

Au début, face à une situation donnée, ils réfléchissaient chacun de leur côté et ils trouvaient des solutions qui pouvaient convenir.

Puis au fur et à mesure des problèmes auxquels ils étaient confrontés, en regardant ce que faisait l'autre dans un premier temps, puis en réfléchissant ensemble, dans un deuxième temps, ils s'étaient rendu compte que les solutions trouvées étaient meilleures.

Ils avaient découvert que le travail de groupe était plus riche qu'un travail isolé.

Ils allaient plus vite et mieux en travaillant ensemble.

S'ils avaient su compter, ils auraient dit que $1+1 = 3$.

Cette découverte du couple sur les vertus de la coopération avait d'ailleurs interrogé Dieu sur sa propre condition.

Car enfin, en tant que Dieu, il était seul et unique.

Et tout ce qu'il pensait, créait et faisait ne venait que de sa seule inspiration.

Ah s'il avait été deux, ça aurait été bien différent.

A un moment, juste pour voir, il avait d'ailleurs bien créé un clone.

Mais l'expérience avait fait long feu et il y avait renoncé car il s'était tout de suite rendu compte que le clone pensait comme lui et ne lui apportait rien.

Avec son clone, Dieu avait validé l'équation 1+1 = 1.

Alors il avait essayé d'imaginer un monde pensé par un autre, mais un autre qui ne serait pas lui.

Et là aussi, ce fut un échec.

Car il n'arrivait pas à confronter ses idées avec le néant.

En faisant cela, il revenait sans cesse à son idée de départ.

En fait, il tournait en rond.

En fait, Dieu, lui aussi, aurait voulu faire l'expérience de la concurrence.

Bien sûr pour gagner la compétition, cela s'entend, mais surtout pour vivre la possibilité de la coopération.

Mais voilà.

Ce sont toujours les cordonniers qui sont les plus mal chaussés.

Il était seul, il était seul.

Il n'y avait pas à s'apitoyer sur son sort.

Il fallait faire avec.

C'était son destin de Dieu.

Au moins, pour se consoler de sa situation, pouvait-il vivre l'expérience de la coopération, souvent, et de la compétition, parfois, par procuration, à travers la vie d'Adam et Eve.

Et pour lui, toute cette nouveauté attisait une énorme curiosité.

La vie avait repris son cours au paradis et Adam et Eve, à nouveau avaient tout ce qu'il leur fallait à portée de la main.

Ils ne se gênaient pas d'ailleurs pour se servir allègrement et en profiter un maximum.

Après les périodes de pénurie en eau et en fruits et légumes qu'ils avaient vécues, ils avaient tout de même un peu changé de comportement.

Ils faisaient maintenant en sorte de stocker des produits au cas où la pénurie reviendrait.

Ils avaient plusieurs cruches remplies d'eau en permanence et une réserve de victuailles pour tenir plusieurs semaines.

La vie s'écoulait donc ainsi gentiment pour le couple.

Ils ne manquaient de rien.

D'aucuns, en les observant auraient dit que c'était le paradis.

Et ils auraient eu raison, puisque c'était au paradis.

Mais le paradis pour les uns peut devenir un enfer pour les autres.

En fait, depuis quelques temps, le couple sombrait à nouveau dans la morosité.

Dieu décida alors d'intervenir une fois encore pour amender sa copie.

Pendant le sommeil du couple, il décida d'augmenter pour chacun l'imagination et la créativité et aussi le désir de nouveauté.

Et au réveil, tout à son excitation de voir ce qui allait se passer, Dieu observa des choses étonnantes.

Le premier matin, une fois s'être étanchés à la source et restaurés dans les jardins, Adam et Eve s'assirent et commencèrent à se parler.

Dieu constata tout de suite que la nature de leur conversation avait changé.

Là où précédemment ils échangeaient des banalités et riaient de choses insignifiantes, ils étaient devenus très sérieux.

Leur communication était maintenant surtout basée sur le questionnement.

Ils s'interrogeaient.

Chacun questionnait l'autre sur ses envies, lui demandait comment il voyait le futur, ce qu'il pensait de ce qu'ils avaient vécu depuis qu'ils étaient ensemble.

Ils se demandaient aussi pourquoi ils n'étaient que deux alors que les autres animaux étaient beaucoup plus nombreux qu'eux.

Ils se demandaient si ce n'était pas mieux ailleurs et même s'il y avait un ailleurs.

Et si les questions étaient finalement assez simples, les réponses étaient très compliquées.

Comment imaginer un ailleurs qui serait mieux, quand on habite le paradis mais qu'on ne le sait pas ?

Adam demanda à Eve de faire une liste de choses qu'elle aimerait bien avoir, en lui promettant de satisfaire ses désirs.

Alors Eve réfléchit et lui donna une liste d'une dizaine de choses qu'elle aimerait bien posséder et qui lui faciliterait la vie au quotidien.

Evidemment, la dose d'inspiration qu'avait insufflée Dieu la nuit précédente avait grandement favorisé sa réflexion.

Munie de sa liste de choses à fournir, Adam se mit au travail.

Dans un premier temps, il fit comme d'habitude.

Il parcourut le paradis de long en large en espérant trouver les produits demandés.

Puis il dut se rendre compte qu'il allait falloir passer à une autre stratégie.

Et qu'il allait falloir le faire rapidement puisque maintenant qu'Adam avait promis qu'il allait accéder aux demandes d'Eve, celle-ci s'impatientait.

Il venait de découvrir la notion de délai et de promesse à respecter sous peine de reproches de la part d'Eve.

Fort de sa nouvelle créativité, Adam se mit donc en tête de fabriquer les objets demandés.

Il avait tout à imaginer, puisque rien de ce qu'avait demandé Eve n'existait à l'état naturel.

Par exemple, il y avait une demande d'un vêtement pour se couvrir.

Adam ne voyait pas l'intérêt de ce produit puisqu'il y avait une température constante au paradis et que cette température était parfaite.

D'ailleurs aucune des autres créatures du paradis n'avait de vêtement.

C'était bien le signe qu'il n'y avait pas vraiment de besoin pour cet article.

Oui mais Eve lui avait demandé quelque chose dont elle avait envie.

Elle n'en avait sans doute pas besoin puisque jusqu'à présent elle s'en était passée.

D'ailleurs, Adam lui en avait fait la remarque après qu'il eut constaté que le produit demandé n'existait pas à l'état naturel.

Mais elle avait tenu bon.

Et Adam en avait conclu dans un premier temps que l'envie pouvait être plus forte que le besoin.

Il en était là de ses réflexions quand il constata tout de même que le besoin était aussi un moteur d'action très fort puisque si Eve avait envie d'avoir son vêtement, lui, il avait besoin de le fabriquer.

Dieu était ébloui par ce qu'il entendait et voyait.

Son couple d'humains isolés et tous nus commençait à avoir une pensée qui se structurait, qui évoluait, qui s'envolait même parfois à des hauteurs insoupçonnées.

Il était vraiment content d'avoir augmenté l'imagination de ses créations.

Il avait hâte de voir ce que cela allait donner dans le temps.

Adam réfléchissait à cette histoire de vêtement.

Eve lui avait parlé de quelque chose qui serait comme une deuxième peau, quelque chose qu'on mettrait sur soi.

Alors Adam fit appel à sa nouvelle créativité.

Il imagina un vêtement assemblé avec des feuilles et il le montra à Eve qui ne fut pas emballée.

Alors il essaya d'autres feuilles. Des grandes, des petites, des vertes, des jaunes, des marrons, des rouges.

Il essaya toutes les formes et toutes les couleurs.

D'ailleurs, pour lui-même, il trouva une petite feuille de vigne qu'il trouva très sympa et qu'il se garda comme vêtement.

Il lui avait montré ce que cela donnait sur lui. Il avait fait le mannequin pour elle mais rien n'y avait fait. Ce n'était pas suffisant.

Pour Eve il fallait trouver autre chose.

Alors il poursuivit des animaux dans l'espoir de leur voler leur peau.

Il réussit à fabriquer ainsi des vêtements avec quelques plumes et poils glanés ici et là.

Au fur et à mesure de ses présentations, la demande d'Eve évoluait.

Adam découvrait qu'en présentant plusieurs créations différentes, il avait plus de chances de satisfaire Eve.

Il découvrait que Eve avait plus de facilité à se décider quand elle voyait deux produits en même temps.

En fait, elle se décidait souvent par comparaison.

Elle faisait le point entre ce qui allait et ce qui n'allait pas et elle choisissait le produit qui avait le plus de points positifs.

Attention, se disait Adam, le plus de points positifs à ses yeux à elle.

Il avait en effet expérimenté souvent la situation suivante.

Il présentait un produit à Eve en lui démontrant toutes les caractéristiques de son produit et en fait, elle ne raisonnait pas ainsi.

Ce qui comptait à ses yeux, c'étaient les bénéfices qu'elle y voyait pour elle.

Elle se fichait bien des caractéristiques dont lui parlait Adam.

Elle était contente quand le produit lui apportait ce qu'elle en attendait.

Et cela était vrai pour tous les produits de sa liste.

Il y avait cette histoire de vêtement mais aussi les plats pour mettre les aliments, les sièges pour éviter de s'assoir directement dans l'herbe ou sur les rochers du paradis et les autres demandes aussi.

Car Eve avait considérablement allongé sa liste.

Au fur et à mesure qu'Adam fournissait les produits qu'elle demandait, elle en rajoutait de nouveaux.

Si pour Eve la vie ressemblait de plus en plus à un paradis, en tout cas à son paradis à elle, la vie d'Adam ressemblait de plus en plus à un enfer.

Ecouter, concevoir, fabriquer, présenter, modifier, re-présenter, installer, réparer, écouter, concevoir….

C'était sans fin.

Tout son temps y passait et il n'avait plus une minute pour lui.

Surtout qu'Eve devenait de plus en plus exigeante, tant sur la qualité des produits qu'il lui fabriquait que sur les délais pour les obtenir.

Maintenant, quand elle pensait à quelque chose, elle la voulait tout de suite.

Une fois même, alors qu'Adam lui avait dit qu'il n'était pas possible d'avoir le produit demandé dans l'immédiat, elle le menaça d'aller le chercher ailleurs.

Il fallut qu'Adam lui rappelle qu'ils étaient seuls et que personne d'autre que lui ne pourrait répondre à sa demande.

Le fait de n'avoir pas de concurrence avait quand même du bon.

Même si Adam pensait de temps en temps que s'ils avaient été plusieurs à pouvoir répondre aux demandes d'Eve, elle aurait pu se rendre compte des efforts qu'il fournissait pour elle.

Là aussi, elle aurait pu comparer.

Au fil du temps, il s'était d'ailleurs rendu compte d'un autre point important.

Il fallait qu'il valorise les efforts perçus par Eve pour la satisfaire.

Il avait assez vite compris la différence entre les efforts fournis par lui et les efforts perçus par Eve.

Les efforts fournis mais non perçus n'avaient aucune valeur à ses yeux.

Elle ne lui était reconnaissante que lorsqu'elle se sentait au centre des préoccupations d'Adam.

Être aimée ne lui suffisait pas.

Elle voulait avoir le sentiment d'être préférée par Adam.

Pas préférée en tant que femme puisqu'elle était la seule au paradis avec lui.

Cette préférence-là, elle savait qu'elle l'avait.

Non, ce qu'elle voulait, c'est être préférée dans ses pensées.

Elle voulait qu'il pense à elle, à ses demandes, à ses désirs avant qu'il pense à ses besoins à lui.

Eve voulait être au centre de l'univers d'Adam.

En fait, Eve était en train de se prendre pour Dieu.

A l'époque, nul ne savait encore que dans les économies modernes, le client finirait lui aussi par se prendre sinon pour Dieu, au moins pour le roi.

Dieu était un peu chagriné de ce qu'il voyait. S'il avait créé le paradis, c'était pour que tous ses habitants y vivent heureux.

Et il voyait bien qu'entre Adam et Eve, la situation était en train d'évoluer vers un déséquilibre qui, forcément, allait faire éclater la belle harmonie qu'il avait voulue.

Dieu voyait bien que la relation entre Eve et Adam devenait une relation Gagnant/Perdant, qui finirait par devenir perdant/perdant lorsque Adam serait épuisé par les sollicitations incessantes d'Eve.

Il allait faire un BURN OUT ou une dépression sévère. Il fallait que Dieu remédie à tout cela.

Et vite

Alors Dieu créa le concept de négociation.

A partir de maintenant, lorsque Eve demandait quelque chose, elle se voyait opposée un refus poli ou une demande de contrepartie de la part de son compagnon.

Bien sûr, au début elle fût très surprise.

A sa place, on l'aurait été à moins.

Vous avez quelqu'un qui vous dit tout le temps oui, quoi que vous demandiez, et qui tout à coup se met à vous poser des conditions pour vous fournir ce que vous demandez.

La première fois, elle remit d'ailleurs en avant cette histoire de concurrence.

Mais comme ce n'était pas possible, elle revint à la raison.

Elle découvrit que la négociation avait de nombreux avantages, surtout sur la dimension psychologique.

Elle faisait sa demande de produit et Adam l'acceptait sous certaines conditions.

Il lui demandait des contreparties, toutes différentes les unes des autres.

Il pouvait dire oui mais à la condition qu'elle accepte un délai plus long que celui qu'elle demandait initialement.

Ou alors il acceptait un délai très court mais il proposait alors de lui proposer un produit plus simple, ou d'une forme différente que celle qu'elle avait demandé.

Il pouvait aussi jouer sur les matières, les poids, les longueurs ou les couleurs. Tout était prétexte à négociation.

La négociation était un jeu auquel ils prenaient grand plaisir tous les deux.

A chaque demande, de l'un ou de l'autre, ils disaient « NON », ils disaient « OUI » mais surtout ils disaient beaucoup « ET SI ».

« ET SI » je t'apporte plus rapidement ce que tu demandes, es-tu prêt à m'aider pour trouver ce que je cherche ?

Ils combinaient les différentes possibilités et devenaient de plus en plus créatifs dans leurs propositions.

Ils avaient vite compris le fossé qui existait entre le chantage et la négociation.

Le déplaisir de l'un et le bonheur de l'autre. On jouait quand on négociait.

On prenait des positions et on jouait des rôles.

Avec le chantage, il n'y avait pas de plaisir et c'était uniquement du rapport de force.

Quand ils s'étaient essayés au chantage, une fois ou deux, ils avaient compris tout de suite qu'il y aurait des représailles de la part de l'autre.

Le chantage était un mode de communication Gagnant/Perdant à court terme et il devenait systématiquement Perdant/Perdant à long terme.

Il ne s'agissait alors pas de se demander si l'autre allait se venger.

Il s'agissait de se demander quand et surtout comment.

Avec le chantage, on ne dormait plus, on angoissait.

Et quand on habite le paradis pour l'éternité, si en plus on ne dort pas, c'est long.

C'est très long et ça peut devenir un enfer.

Alors qu'avec la négociation, ils découvraient également le plaisir de la stratégie.

Chacun essayait de se mettre à la place de l'autre pour imaginer sa position et ce qu'il allait proposer.

Ils avaient découvert qu'il y avait une véritable jouissance à imaginer ce qui allait se passer et vérifier ensuite, dans la réalité, le bien-fondé de leur imagination.

A travers la négociation, ils avaient découvert par eux-mêmes la notion de client/fournisseur gagnant/gagnant.

Ils ne savaient pas vraiment qui était le client de l'autre puisqu'ils étaient à la fois client et fournisseur.

Ils n'avaient pas mis de noms sur leurs pratiques mais elles fonctionnaient pour eux.

Et pour l'instant, cela suffisait à leur bonheur.

Et puis, il y eu le drame !

Dieu se remémorait exactement le moment où le drame s'était noué.

Adam et Eve étaient pourtant totalement heureux avec leurs pratiques de communication, leurs négociations réciproques et la valorisation qu'ils recevaient l'un de l'autre.

Et un jour, le concurrent ultime était apparu et avait complètement déséquilibré le marché.

Alors que Eve se trouvait seule dans le jardin d'Eden, ce concurrent nouveau lui fit une proposition qu'elle ne sut pas refuser.

Pourtant, elle avait maintenant acquis beaucoup d'aplomb et d'intelligence au fil du temps et elle était capable de tenir tête à Adam sur la plupart des sujets.

Elle anticipait très bien ce qu'il allait dire et sa capacité d'empathie lui avait souvent permis de gagner la bataille de la communication.

Mais dans le jardin d'Eden, il y avait un interdit.

Adam et Eve le connaissait bien.

Dans ce jardin il y avait deux arbres différents.

D'un côté il y avait l'arbre de vie et pour celui là il n'y avait aucun problème, bien au contraire.

Et de l'autre côté, il y avait l'autre arbre.

Cet arbre, c'était l'arbre de la connaissance. Et pour celui-là, pas question d'y toucher.

Dieu souhaitait que ses créatures évoluent mais il avait décidé, dès le début qu'il garderait la main sur cette évolution.

La connaissance, oui, mais quand il le déciderait.

Il se gardait le choix des contenus auxquels Adam et Eve avaient accès.

Il intervenait par le rêve ou à travers quelques signes choisis pour doter Adam et Eve de quelques capacités supplémentaires leur permettant d'évoluer comme il le souhaitait.

Par ses interventions parcellaires, il contrôlait le processus, même si parfois, celui-ci dérapait un peu et le surprenait.

Mais dans l'esprit de Dieu, il n'était pas question que le couple puisse accéder à l'ensemble de la connaissance.

Une telle accession remettrait complètement en cause l'équilibre des choses et l'harmonie du monde serait forcément chamboulée.

Dieu avait donc insufflé dans l'esprit du couple l'interdiction totale de goûter aux fruits de l'arbre de la connaissance.

Et cela, il l'avait fait dès le début.

Même lors de la pénurie de nourriture, il y avait longtemps maintenant, quand Adam avait faim, il n'avait pas osé manger ces fruits.

A un moment, il avait failli succomber à la tentation tellement il était affamé. Mais Dieu avait alors fait apparaître les arbustes avec leurs maigres fruits.

Cette apparition avait alors suffi à régler la situation et depuis cet épisode, nul n'avait essayé de cueillir un fruit sur l'arbre de la connaissance.

Adam et Eve parlaient de cet arbre et de ces fruits de temps en temps.

C'était l'arbre le plus près de leur grotte et les fruits étaient très gros et appétissants.

Ils passaient devant chaque fois qu'ils allaient récolter leurs propres fruits, plus petits et beaucoup moins attrayants.

Et en plus, il fallait aller plus loin pour la cueillette et revenir avec des paniers bien remplis certes mais très lourds à porter.

Tous les jours, il fallait faire des efforts pour simplement se nourrir, alors qu'il y avait cet arbre là, couvert de nourriture à portée de la main.

C'était tentant.

Mais c'était interdit.

Jusqu'à présent, quand l'un était tenté de cueillir un fruit, l'autre avait toujours su le raisonner.

Et comme ils n'étaient que deux, l'équilibre était maintenu.

Mais un jour, alors qu'elle était sous l'arbre de la connaissance, regardant les fruits qu'elle savait interdits, Eve entendit une voix.

Et cette voix s'adressait à elle.

Ce n'était pas la première fois quelle entendait des voix.

Souvent, la nuit, alors qu'elle dormait, elle avait également l'impression d'entendre quelqu'un lui parler.

Elle en avait d'ailleurs souvent parlé à Adam, l'accusant de lui faire des blagues pour lui faire peur.

Evidemment, Adam avait nié en disant que lui aussi, parfois, il avait l'impression qu'on lui parlait quand il dormait.

Tout cela pour dire que Eve n'était pas surprise ni apeurée par la voix qu'elle entendait sous l'arbre de la connaissance.

Cette voix douce et impérieuse à la fois lui suggérait de cueillir un fruit et d'y goûter.

Juste une bouchée, dans un fruit.

Qui le saurait ?

La voix était insistante et la proposition était tentante. L'argumentation était très bonne.

Un effort minime pour un bénéfice imaginé maximum.

Aucun risque avéré.

Elle savait que c'était interdit mais la curiosité était tellement forte.

Qu'est ce qui allait se passer dès qu'elle aurait croqué dans le fruit ?

Comme c'était l'arbre de la connaissance, que saurait-elle de plus qu'elle ne savait déjà ?

Et s'il ne se passait rien du tout ?

Tout ce temps passé à porter ces lourds paniers alors qu'ils auraient pu se servir sans effort.

Et si c'était cela qu'elle allait apprendre ?

En croquant dans ce fruit, elle allait peut-être apprendre qu'il ne fallait pas respecter les interdits et se faire toujours une idée par soi-même !

Toutes ces pensées envahissaient son esprit et elle sentait faiblir sa résistance.

Elle allait céder ce jour-là quand Adam était apparu.

Voyant ce qu'elle allait faire et malgré sa détermination, il avait su trouver les mots pour la dissuader.

Et pourtant elle avait vraiment essayé de le convaincre de le faire avec elle.

Elle avait argumenté en reprenant les bienfaits vantés par la voix qu'elle avait entendue.

Elle avait parlé des bénéfices forts et des risques faibles.

Tout y était passé mais rien n'avait réussi à ébranler la volonté d'Adam.

Cette fois encore, ils étaient rentrés dans leur grotte sans braver l'interdit.

Mais à partir de ce jour-là, la situation ne fût plus jamais la même pour Eve.

Elle avait envie de goûter au fruit défendu.

Des fruits, elle en avait à profusion.

Elle n'avait nul <u>besoin</u> d'un fruit supplémentaire.

Mais elle avait <u>envie</u> de passer à l'acte et cette motivation allait lui faire franchir le pas un jour où Adam l'avait laissée seule.

Sous l'arbre de la connaissance, alors qu'elle regardait les fruits, un serpent lui était apparu et lui avait parlé.

Elle avait immédiatement reconnu la voix qui était celle qu'elle avait entendue lors de sa dernière venue.

Le serpent lui vanta à nouveau l'intérêt pour elle de goûter à l'un des fruits de l'arbre.

Ce qui était incroyable, c'est que la proposition était extrêmement tentante. Le serpent savait avancer exactement les arguments qui touchaient Eve.

Elle sentait qu'il savait exactement ce qu'il fallait dire, comme s'il l'avait écouté depuis toujours.

Il savait se mettre à sa place, poser les questions qu'elle se posait et y répondre méthodiquement.

L'empilement des arguments finit par emporter la dernière résistance d'Eve et elle céda.

Et ce fût le drame.

Dieu sut tout de suite que c'était la fin d'une histoire et le début d'une autre.

Il entra dans une colère terrible et il décida que pour Adam et Eve, c'était la fin du paradis.

Pourtant Adam essaya de plaider leur cause. Il utilisa toutes les techniques que Dieu lui avait soufflées lors de ses différentes interventions nocturnes.

Il mit toute la motivation dont il était capable mais rien ne put faire fléchir Dieu.

Il n'était pas acheteur de l'argumentaire d'Adam et celui-ci était encore trop tendre dans le métier pour réussir à le convaincre.

Ils avaient transgressé la règle établie, ils allaient devoir en payer le prix fort.

Il s'occuperait de ce fourbe de serpent plus tard mais pour l'instant, il allait rendre son jugement et il serait sans appel.

D'abord, ils les condamnaient tous les deux à quitter le paradis.

Ensuite, il condamna Adam à gagner son pain à la sueur de son front.

Il allait donc devoir travailler.

Finie l'opulence et les produits à portée de la main.

Il allait devoir faire des efforts, encore et encore pour se nourrir, se rafraîchir mais aussi se vêtir, voire se divertir.

Enfin pour Eve, son châtiment fut plus terrible encore puisqu'il la condamna à enfanter dans la douleur.

Elle avait été tentée par la douceur du fruit, elle sentirait la douleur quand elle donnerait la vie.

Dieu se posa même la question de leur reprendre tout ce qu'il leur avait donné au fil du temps.

Fallait-il vraiment leur laisser cette intelligence, cette imagination, cette créativité ?

S'il faisait cela, c'était les condamner à mort tant ils avaient peu d'atouts pour survivre dans une nature hostile.

Une peau fragile que même les rayons de soleil faisaient souffrir, pas de griffes pour se défendre, pas de plumes pour s'envoler ou d'écailles pour se protéger des prédateurs.

Ils ne couraient pas vite, ils ne sautaient pas haut, ils ne voyaient quasiment rien la nuit. Leur odorat était faible et leur ouïe peu développée comparés à d'autres espèces qu'il avait créées.

Aussi Dieu eut-il un peu de mansuétude et les chassa du paradis en leur laissant leur intelligence comme seule arme face à l'adversité de leur nouvelle vie.

Il laissa aussi sa feuille de vigne à Adam, pour respecter sa pudeur naissante.

Comme quoi, Dieu est amour.

Et maintenant, des milliers d'années plus tard, il découvrait des bibles !

Et certaines de ces bibles traitaient de la vente.

Dieu avait l'impression que l'histoire se reproduisait à l'identique.

Ce couple d'humains qu'il avait choyé, qu'il avait doté de beaucoup de qualités au fil de leur existence au paradis avait non seulement réussi à survivre et à se reproduire mais en plus, leur descendance se piquait aujourd'hui de donner des leçons.

Quelle impudence !

Qu'avaient-ils donc appris de si important qu'ils se sentaient investi de la charge d'en informer les autres ?

Il fallait que Dieu sache.

Il se mit donc à lire toutes les Bibles sur la vente qu'il trouva.

Dieu était époustouflé par ce qu'il lisait.

Il s'apercevait que l'intelligence, cette qualité qu'il avait laissée à Adam et Eve quand il les avait chassés, leur avait permis non seulement de survivre mais mieux encore, de devenir les maîtres du monde où ils vivaient maintenant.

Et quand il analysait les écrits, il s'apercevait que tout ce qu'il avait fourni à Adam et Eve était écrit noir sur blanc, à disposition de tous ceux qui voulaient s'y intéresser.

Dans ces bibles sur la vente, on retrouvait tout :

- L'écoute de l'autre et la technique du feedback permettaient de mieux le comprendre et de lui proposer la solution qui lui correspondait le mieux.

Donc les meilleurs vendeurs savaient se taire et reformuler à bon escient.

- L'empilement des arguments aidait à convaincre l'autre du bien-fondé de la proposition.

La quantité faisant vendre, certains avaient imaginé les têtes de gondole dans certains grands magasins.

- **Pour décider l'acheteur, il valait mieux parler des bénéfices fournis plutôt que des caractéristiques de ses produits.**

Les bibles expliquaient cela sous le vocable de CAB (caractéristiques / avantages / bénéfices).

- **Montrer était plus fort que dire.**

Donc les bibles préconisaient de faire des démonstrations et des essais pour prouver ce qu'on avançait et impliquer les clients.

Les témoignages des utilisateurs des produits permettaient aussi de renforcer la crédibilité des vendeurs.

- **Les techniques de traitement des objections étaient parfaitement expliquées.**

Il était démontré qu'il valait mieux amortir l'objection avant de la traiter afin de ne pas braquer le client.

Aussi les meilleurs vendeurs étaient ils souples sur la forme tout en restant fermes sur le fond.

- L'importance de la découverte client était aussi développée.

Il était dit qu'une découverte complète permettait de réduire le risque des objections.

Certaines bibles expliquaient même que bien vendre, ce n'était pas vendre quelque chose, mais c'était vendre quelque chose à quelqu'un.

Aussi développait elle le parti de découvrir le besoin exprimé par le client - pour savoir quoi vendre - mais surtout ses motivations - pour savoir comment vendre ou plutôt comment faire acheter.

- L'importance des premiers instants étaient beaucoup mis en avant. Ils appelaient cela les 3x20

Les 20 premières secondes, les 20 premiers mots, les 20 premiers mouvements.

Être capable de créer un climat de confiance, une crédibilité par ses attitudes, son regard, son discours, tout cela était détaillé.

Sur ce point, Dieu ne pouvait que souscrire à ce qu'il lisait quand il repensait aux premiers instants de la création du monde.

S'il s'était comporté différemment, à l'origine, tout aurait sans doute été différent.

- ils avaient détaillé les motivations clients qu'ils avaient classées pour la plupart sous le vocable de SONCAS.

Ils avaient ainsi bien explicité les moteurs qui généraient les achats et les refus lors des transactions commerciales.

Les livres les plus aboutis ne parlaient d'ailleurs plus simplement de motivations d'achat, mais bien de motivations d'actions.

Ce que qui signifiait de facto qu'elles s'adressaient à tous, acheteurs comme vendeurs.

- Tenir ses promesses et fidéliser étaient deux points primordiaux pour vendre sur la durée.

Les meilleurs vendeurs sont ceux sur qui on peut compter.

Contrairement au dicton qui dit *« ce sont les meilleurs qui s'en vont »*, en vente, les meilleurs restent.

Les meilleurs vendeurs mais aussi les meilleurs clients.

Et ces clients restent parce que le vendeur tient ses promesses.

Et c'est aussi la raison pour laquelle ces clients recommandent ces vendeurs.

- La négociation et le marchandage étaient aussi abordés et les techniques d'achat étaient parfaitement développées.

Il était d'ailleurs intéressant de constater que les humains avaient dépassé la notion de dualité, pour pouvoir enrichir le concept.

Au début, quand Dieu avait créé le monde, il s'était beaucoup appuyé sur cette dualité et l'effet miroir avait fonctionné à plein.

Les choses allaient par deux et cela créait un équilibre harmonieux.

Mais là, les humains allaient plus loin.

Par exemple, couper la poire en deux ne voulaient plus dire obligatoirement deux parts égales. Idem pour donnant/donnant ou faire chacun un bout de chemin.

- L'entretien de vente était toujours codifié en plusieurs phases distinctes.

Seul le visuel de présentation changeait suivant les ouvrages et les auteurs.

Pour l'un, l'entretien était un escalier avec des marches qu'il fallait monter ou descendre.

Pour un autre, il était représenté par une pyramide dont il fallait atteindre le sommet ou un tunnel dont il fallait sortir.

Pour d'autres, enfin, l'entretien de vente était représenté par un simple entonnoir où l'effet d'accélération sur la fin était garanti pour peu que le vendeur sache s'y prendre.

Toute cette créativité qu'il voyait dans ces bibles enchantait Dieu, qui commençait à sentir sa colère contre les hommes l'abandonner.

Il leur en voulait toujours d'utiliser le terme Bible pour un sujet aussi frivole que la vente mais finalement, tout cela l'amusait.

Il y avait d'ailleurs bien longtemps qu'il n'avait pas passé un aussi bon moment.

Ce couple d'humains, qui l'avait beaucoup distrait dans les premiers temps du paradis avait vraiment su exploiter au mieux l'intelligence qu'il leur avait laissée.

Il reconnaissait ici et là des réflexes, des attitudes voire des techniques qu'Adam et Eve utilisaient à l'époque, pour agrémenter leur quotidien.

Les techniques utilisées au paradis fonctionnaient donc encore ici et maintenant.

Elles semblaient éternelles.

Dieu se demandait d'ailleurs comment il était possible qu'elles fonctionnent encore puisqu'elles étaient connues de toutes et de tous.

Adam et Eve, à l'époque, n'échangeaient pas sur leurs trouvailles en communication.

Ils s'en servaient jusqu'à ce que l'autre trouve la solution pour y répondre au mieux.

Puis il essayait autre chose, créativité et imagination à fleur de peau.

Mais avec ces livres, tout était livré clé en main et ceux qui le voulaient pouvaient progresser extrêmement vite.

Le secret des grands vendeurs devenait vite le truc des petits vendeurs et les acheteurs informés ne se gênaient pas pour rendre la vie dure aux commerciaux.

Au fil de ses lectures, Dieu constatait que la vente était partout maintenant et que même les techniques de management reprenaient les fondamentaux qu'ils avaient soufflés à Adam et Eve.

En position de dominant, lorsque la concurrence n'existait pas, certains avaient tendance à imposer leur point de vue.

Cela était vrai en vente, avec des produits ou services dits « publics » mais c'était également vrai en management.

Cet abus de position dominante excluait toute négociation et générait beaucoup de stress pour celui qui subissait l'autorité du « chef ».

Quelqu'un avait même inventé une citation qui plut beaucoup à Dieu.

« Quand on n'a qu'un marteau dans sa trousse à outils, tous les problèmes ont la forme d'un clou ».

L'image de tous ces individus avec la tête plate le fit sourire, même si c'était terrible sur le fond.

Beaucoup de livres utilisaient également le sport pour faire un parallèle avec la vente et mieux expliquer les enseignements à retenir.

- **Savoir se préparer selon ses objectifs.**

On joue comme on s'entraîne, on vend comme on se prépare.

Faire ses gammes, anticiper les situations à venir, se renseigner en amont sur le futur prévisible, autant d'actions que doivent forger le sportif et le vendeur qui veulent gagner.

- **Gérer son temps et ses priorités.**

Tout est fait pour que le vendeur, comme le sportif, se disperse et oublie que le temps, c'est de l'argent.

S'il travaille sa ZIM, sa zone d'impact maximum, il est forcément meilleur.

Dans certains ouvrages, les auteurs évoquaient un certain « Pareto » pour développer ce concept.

- **L'atteinte de l'objectif crée le relâchement.**

La joie d'avoir réussi, en vente comme en sport est un moment qu'il faut savoir gérer pour ne pas tout gâcher.

Après avoir marqué un but, il faut se replacer tout de suite. I

Idem au tennis, après la fin d'un set ou au travail en début de semaine ou de mois.

Il est tellement facile de se relâcher en pensant qu'on a un mois entier pour atteindre l'objectif fixé que de nombreux vendeurs se laissent aller en début de période.

Et ils travaillent à fond après le 15 du mois.

- Les images mentales positives sont motivantes.

Un vendeur ou un sportif défaitiste ne fera jamais une grande carrière.

Le succès appelle le succès et les meilleurs l'ont bien compris.

La chance sourit à ceux qui veulent gagner et qui font les efforts pour que cela arrive.

- Seul on va plus vite mais à plusieurs on va plus loin.

Aujourd'hui la vente, comme le sport, est un jeu d'équipe.

La réussite en vente est une combinaison d'un bon produit, d'un bon marketing, de bons techniciens, d'un bon vendeur.

Et c'est pareil en sport. La réussite d'un sportif, c'est celle d'un coach, d'un diététicien, d'une famille, d'un conjoint, d'un sponsor.

Travailler en équipe est primordial pour réussir dans la vente.

- Le premier client du vendeur, c'est lui.

Certains vendeurs ne proposent pas leurs produits, ou leurs services, car ils ne les ont pas achetés, préalablement, dans leur tête.

Cela est vrai pour le financement, la prospection téléphonique, voire le suivi client.

Il en est de même pour le sportif qui se créé tout seul ses propres limites.

Travailler sur soi, sur ses croyances, ses préjugés et ses a priori est très important pour qui veut réussir des performances de haut niveau.

- **Le fractionnement est une clé du succès**

Une bible chinoise a écrit « qu'un chemin de mille lieues commence par un seul pas ».

Le fractionnement des exercices permet au sportif de faire beaucoup d'efforts sans se lasser.

Le fractionnement du prix en mensualités permet au vendeur de faire apparaître l'effort budgétaire beaucoup plus digeste pour son acheteur.

De même, le fractionnement en plusieurs petites parties des restes du plat du dimanche permet à la ménagère de convaincre les convives de finir ledit plat.

Dieu fut aussi intéressé par un parallèle imaginé entre la vente et la création d'Adam.

En effet, il avait créé Adam en mélangeant de la glaise et de l'eau, afin de faire ce mix entre la terre et les océans, base du monde qu'il avait conçu à l'origine.

Et ce mélange, aussi curieux soit-il, était un formidable modèle pour qui voulait vivre de la communication en général et de la vente en particulier.

Ainsi le corps humain, du fait de sa constitution à base d'eau permettait aux individus de bénéficier de toutes les qualités et les défauts de l'eau.

- L'être humain pouvait s'adapter aux situations, tout comme l'eau s'adaptait aux contenants, quels qu'ils soient.

Un vendeur rencontre des interlocuteurs très différents, en âge, en culture, en besoins… C'est sa capacité à s'adapter qui va lui permettre de faire face.

- Le bon dosage sur la quantité d'eau donnait la mort ou donnait la vie.

Trop de communication, de présence, noyait le public et les affaires n'étaient pas possibles.

Peu de communication, une présence insignifiante et là aussi, les affaires s'en ressentaient.

C'était le bon dosage, en fonction du support, qui créait la dynamique de vie, d'une part, et de busines, d'autre part.

Dans le même ordre d'idée, si l'eau dépassait les rives, c'était l'inondation et donc la mort. Et si l'eau venait à manquer, toutes les plantes autour des fleuves dépérissaient et les poissons mouraient.

Une dynamique commerciale bien encadrée apportait la vie alors qu'une activité commerciale dispersée offrait peu de résultats.

- **L'être humain, en communication, pouvait être cassant et froid, comme la glace, enjoué et calqué sur l'autre, comme le liquide, ou dispersé et hors sujet, comme la vapeur.**

Certains exemples fournis dans ces livres sur la vente parlaient alors de clients qui s'étaient faits « enfumer » par les vendeurs.

On ne leur avait pas tout dit et l'offre proposée était floue. Et bien sûr il manquait souvent un écrit pour valider la proposition du vendeur.

- **Prendre l'eau comme modèle montrait la prépondérance du mouvement sur l'immobilité.**

Un fleuve, par le passage continu de l'eau en mouvement, creusait ses rives et modifiait son environnement.

On pouvait même faire tourner des génératrices électriques s'il y avait un gros débit.

Un lac, lui, attendait qu'on le remplisse pour compenser son évaporation.

Il était facile de faire le tour des lacs, même grands. On ne faisait jamais le tour des fleuves.

Et bien sûr, il y avait la mer et les océans, la création d'origine.

Certains auteurs, qui avaient tout compris avaient noté :

« Tous les fleuves vont à la mer, car elle a eu la sagesse de se mettre plus bas qu'eux ».

Quelle belle maxime pour illustrer l'humilité.

Les excellents vendeurs, par leurs capacités d'écoute et d'empathie, l'appliquaient tous les jours.

C'était préconisé par toutes les bibles sur la vente.

- **Face aux obstacles, l'eau pouvait contourner, laminer, dissoudre dans le temps ou s'évaporer tout simplement.**

Là encore l'analogie était expliquée aux vendeurs.

Ils pouvaient, lors d'une objection par exemple, contourner l'obstacle en abordant un sujet plus favorable, ce qui leur permettait de poursuivre leur chemin.

Ils pouvaient aussi tenter de détruire l'obstacle en mettant de la pression sur l'endroit de moindre résistance.

Ils pouvaient aussi simplement attendre que le temps fasse son œuvre en prenant date ou tenter de prendre beaucoup de hauteur, afin de s'affranchir de la dure réalité du terrain.

- Le cycle de l'eau correspondait aux cycles de vie des humains et du business.

Les ruisseaux deviennent des rivières qui deviennent des fleuves, qui finissent par se jeter dans la mer ou l'océan.

Cette eau est recyclée par l'évaporation qui forment des nuages qui se transforment en pluies qui alimentent les ruisseaux.

Et ainsi de suite.

Le business moderne aussi correspondait à ce modèle, comme il était écrit dans les livres que lisait Dieu.

D'une petite idée, qui grandissait en agglomérant des ressources, on aboutissait à des méga structures qui emportaient tout sur leur passage.

La pression, exercée par ces entités, à cause du volume et du débit des opérations traitées devait être contenue par des rives très solides, sous peine de catastrophe écologique et économique.

Ces rives pouvaient être naturelles ou renforcées par endroit.

Les process des enseignes qui se développaient en franchise correspondait souvent à ce modèle.

Dieu était bluffé par tout ce qu'il avait lu sur les ouvrages qu'il s'était procuré.

Evidemment, il y avait encore des choses à imaginer et des analogies à développer, mais enfin, quand il pensait au point de départ, avec son petit couple fait de glaise et d'eau, qui ne savait même pas parler, le chemin parcouru était déjà immense.

Dieu réfléchissait donc à toutes ces nouvelles informations quand une nouvelle pensée s'imposa à lui.

Il y avait de plus en plus de personnes sur cette terre mais les prières et les demandes de ces hommes n'augmentaient pas en proportion.

Si les hommes se questionnaient sur leur existence, leur business, leur bien-être, leur passé ou leur avenir, comment se faisait-il qu'il n'était pas débordé ?

Ne se posaient ils plus les questions ou avaient-ils les réponses par ailleurs ?

Y avait-il une organisation qui leur fournissait les réponses aux questions qu'ils se posaient ?

Les hommes avaient écrit des bibles sur tout.

Avaient-ils imaginé quelque chose qui puisse le remplacer ?

Avaient-ils imaginé quelque chose à laquelle même lui n'avait pas pensé ?

Dieu laissa tomber les bibles et se pencha sur ce nouveau challenge.

Et là, ce fut le choc !

En effet, il n'était plus le premier choix lorsque les humains se posaient des questions.

Ils utilisaient de drôles de machines, qui étaient munies d'un clavier ou d'une synthèse vocale pour les plus récentes.

Ils tapaient leurs questions ou ils la posaient à haute voix et ils semblaient contents des réponses qui leur parvenaient.

Dieu était d'ailleurs époustouflé de la rapidité avec laquelle ces réponses arrivaient.

Même lui prenait plus de temps pour répondre aux demandes qui lui parvenaient. Surtout qu'il utilisait toujours son canal nocturne avec les rêves pour communiquer avec les humains.

Ainsi, dans son dos, les humains avaient créé une entité qu'ils interrogeaient quand il y avait un point qu'ils souhaitaient éclaircir.

Ils lui faisaient confiance, c'était évident, vues les demandes qu'ils lui soumettaient.

Et cette entité devenait manifestement de plus en plus importante et indispensable dans la vie des humains.

En fait, faute de mieux, les hommes avaient créé un nouveau Dieu.

Et ce Dieu avait de plus en plus de croyants, d'une part, mais surtout énormément de pratiquants, d'autre part.

Et cela dans tous les pays du monde.

Où qu'il regarde, sur terre, Dieu voyait l'omniprésence de cette entité.

Et cette entité était en train de re-créer le monde, son monde.

Alors Dieu voulut tout connaître sur ce nouveau concurrent qui semblait l'avoir supplanté dans le cœur et surtout dans la tête des hommes.

Et d'abord connaître son nom.

Car ce Dieu des hommes portait un nom.

Les humains l'appelaient … INTERNET !

INTERNET ?

Quel drôle de nom pour un Dieu ?

Et surtout, quelle impudence !

Quand il vit ce qu'il vit - les croyances qui étaient générées par ce pseudo-dieu numérique - il eut l'impression d'y voir le diable.

Alors Dieu prit une décision radicale.

Mais cela, c'est une autre histoire.

Les citations auxquelles vous croyiez avoir échappées

- Bien vendre, ce n'est pas vendre quelque chose. Bien vendre, c'est vendre quelque chose à quelqu'un.

- Quand le client est content, il a acheté quelque chose.
Quand il est mécontent, c'est le vendeur qui lui a vendu.

- Faites acheter et vous n'aurez plus jamais besoin de vendre.

- Rien n'est trop cher si on en a vraiment envie.

- Il faut se méfier des formateurs en vente qui sont pauvres.

- Une vente sans marge, ça s'appelle un don.

- En vente, il n'y a pas de miracle. Du travail, du travail, et encore du travail.

- En vente, les bons numéros font les meilleurs chiffres.

- Si on avait la vente dans le sang, il n'y aurait pas de cabinets de recrutement. On utiliserait les laboratoires d'analyses médicales.

La vente, c'est comme les escaliers. Il ne faut pas louper la première marge.

L'auteur

Daniel CISSE
dirige depuis plus de 30 ans BUSINESS TRAINING une société de conseil et de formation aux techniques commerciales et managériales.
Il intervient auprès de PME et de grandes entreprises lors de conférences et de séminaires à thème. Plus de 20 000 personnes ont pu bénéficier de son expertise à ce jour.

L'illustrateur

Flec
Reconnu comme l'un des illustrateurs les plus réactifs et pertinents de l'animation en direct lors de conventions d'entreprises, il apporte son pragmatisme très personnel et son humour corrosif pour enrichir et relativiser instantanément les débats.
Passer un moment avec Flec reste pour les participants un moment de bonne humeur inoubliable.

Les autres publications de Daniel CISSÉ

Aux éditions Business Training

« La Fureur de vendre »	1991
« La Fureur de vendre 2 »	1994
« Georges Louseur contre Bob Winner"	1998
« 20 conseils + 9 sur les réseaux d'enseigne »	1999
« Le management du Père Noël »	2005
« La révélation H_2O *ou comment des adolescents boutonneux deviennent-il des maîtres du monde ?* »	2007
« Kaizen, vous avez dit Kaizen ? »	2009

Aux éditions Gualino

« Tout savoir sur la négociation. Devenez négoïste »	2012
« Tout savoir sur l'entretien de vente. Devenez motivendeurs »	2013

Aux éditions Books on Demand

« Le tour de la vente en 80 leçons »	2016